MANUEL

DU

FRANC-TIREUR

Imprimerie de Cosse et J. Dumaine, rue Christine, 2.

MANUEL

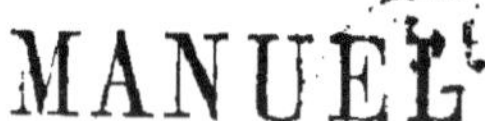

DU

FRANC-TIREUR

PAR

CH. SENART

Capitaine au 94ᵉ de ligne.

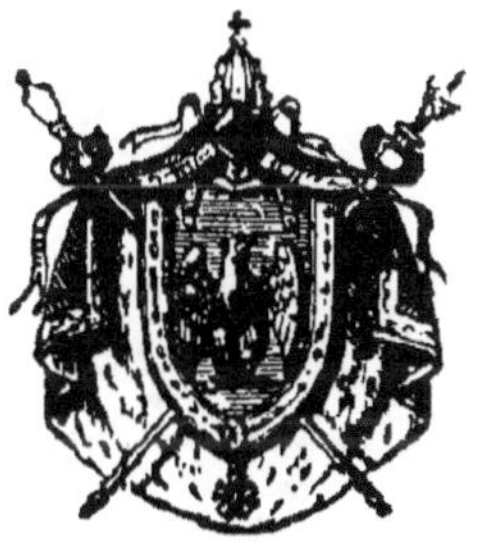

PARIS

LIBRAIRIE MILITAIRE DE J. DUMAINE

LIBRAIRE-ÉDITEUR DE L'EMPEREUR

Rue et Passage Dauphine, 30

—

1868

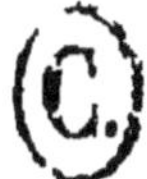

PRÉFACE.

Les *francs-tireurs,* en raison de leur mode même de formation et de leurs occupations journalières, ne peuvent, en général, s'astreindre ni à des exercices répétés, ni à des réunions trop fréquentes. De là provient sans doute que l'usage habile du fusil, considéré comme arme de jet, c'est-à-dire le meilleur tir individuel possible, soit, jusqu'à présent, ce qu'ils ont uniquement cherché et obtenu.

Dans certains pays étrangers, ce résultat n'a pas suffi à des institutions analogues ; on peut citer comme exemple les volontaires anglais qui sont non-seulement de fort adroits tireurs, mais encore manœuvrent par fractions et même en grandes masses.

Mais si des volontaires étrangers ne se sont pas contentés de s'assembler en réunions d'habiles tireurs et ont en outre voulu se mettre à même de pouvoir se disposer et se mouvoir à l'instar des troupes régulières ; s'ils ont appris à se plier aux diverses formations et à passer d'un ordre tactique à un autre ordre ; en un mot, s'ils savent manœuvrer, pourquoi n'en serait-il pas de même des francs-tireurs français? Pourquoi chaque compagnie ne tenterait-elle pas d'ajouter à cette valeur très-considérable et réelle résultant des qualités individuelles de ceux qui la composent les avantages de l'action collective? Cela ne présenterait-il d'ailleurs aucune utilité et aucun attrait? Et ne s'établirait-il pas d'une compagnie à une autre cette même émulation salutaire et féconde qui se fait remarquer actuellement d'homme à homme?

Si cela n'existe pas encore, peut-être faut-i l'attribuer à la difficulté apparente de l'entreprise et à la crainte de n'obtenir qu'un simulacre de résultat. En effet, en se conformant scrupuleusement aux prescriptions des règlements officiels de l'infanterie française, beaucoup de temps et beaucoup de soins sont nécessaires pour amener une troupe à manœuvrer d'une manière non pas même régulière, mais seulement suffisante.

Il y a donc lieu de chercher des méthodes plus simples et plus rapides.

Nous avons pensé qu'en dépouillant les théories réglementaires de tout ce qui n'est pas d'un effet immédiat et d'une indispensable utilité, et surtout en s'appuyant sur quelques principes nouveaux, on pourrait, en fort peu de temps, mettre une compagnie de francs-tireurs à même de manœuvrer à côté des meilleures troupes. Il ne faut pas oublier que cette tâche, fût-elle même laborieuse à remplir, serait singulièrement facilitée par la bonne volonté, l'intelligence et le patriotisme des intéressés.

De ce qui vient d'être exposé ressort clairement le but que nous avons cherché à atteindre dans le *Manuel du franc-tireur.*

La première partie donne quelques conseils sur l'emploi de l'arme.

La deuxième partie traite des manœuvres d'une compagnie de francs-tireurs.

L'objet principal des manœuvres est loin d'être complexe.

C'est d'apprendre à disposer une troupe de manière à rendre possible l'action simultanée de tous les éléments qui la composent, en obtenant, suivant le cas :

1° Un maximum de feux ;

2° Un maximum de mobilité ;

3° Un maximum de résistance.

Dans le premier cas, on dispose la troupe dans l'ordre dit *déployé* ou *en bataille ;*

Dans le deuxième cas, dans l'ordre *en colonne ;*

Dans le troisième, dans l'ordre *en carré.*

Enfin quelques indications sont nécessaires pour la direction des *tirailleurs.* Les hommes alors isolés et jouissant, à la vérité, d'une grande liberté et d'une réelle initiative ne doivent néanmoins agir le plus souvent que sous la direction première d'une même et unique volonté.

Notre pensée constante, en rédigeant ce *Manuel,* a été la suivante :

Conserver aux francs-tireurs d'une compagnie leur valeur individuelle et actuelle, l'augmenter même, si cela est possible ; mais leur fournir en même temps les moyens d'obtenir les grands avantages qui doubleront leurs moyens d'action et qui sont l'ordre et l'ensemble dans les mouvements collectifs.

Chaque article offrirait matière à explications, s'il était comparé aux prescriptions correspondantes des règlements officiels ; nous n'en avons essayé aucune, car, en tactique, la pratique seule prouve ce que vaut la théorie.

Si donc une compagnie de francs-tireurs, instruite conformément au *Manuel* (et cela peut s'obtenir en une quinzaine de séances), savait exécuter ce qui y est indiqué, ce serait la meilleure réponse aux objections possibles et même probables.

Paris, janvier 1868.

MANUEL

du

FRANC-TIREUR

Ce *Manuel* a pour but d'indiquer aux francs-tireurs :

1° Les moyens pratiques de se servir promptement, sûrement et facilement de leur arme, considérée tant comme *arme de jet* que comme *arme de main* ;

2° Quelques mouvements individuels, qui leur permettent d'exécuter, étant réunis *en troupe* ou *compagnie*, certaines manœuvres très-simples, mais indispensables.

La première partie de ce programme comprend l'*instruction du tir* et l'*escrime à la baïonnette*.

La deuxième comporte l'*instruction individuelle* et l'*école d'ensemble* ou *de compagnie*.

PREMIÈRE PARTIE.

INSTRUCTION PRATIQUE DU TIR (1).

Elle comprend :
1° Étude de l'arme ;
2° Pointage ;
3° Positions et tir simulé ;
4° Tir réel.

---

(1) On a supposé les francs-tireurs armés de fusil Chassepot. Cette arme peut être actuellement considérée en France comme le type des armes se chargeant par la

1.

1° ÉTUDE DE L'ARME.

Les francs-tireurs ne pouvant se réunir que rarement, l'instructeur (1) devra se borner à leur donner quelques notions simples, claires et précises. Une connaissance suffisante de l'arme peut être facilement acquise en une séance.

Comme nomenclature, la connaissance des termes suivants est seule indispensable.

Canon,
Guidon,

Hausse . . . . { Planche mobile,
                          { Curseur,
                          { Graduation,

Boîte de culasse,
Vis-arrêtoir,

Culasse mo-   Cylindre . . { Tête mobile,
bile. . . .   { Dard,
                                   { Rondelle en caoutchouc,
                      Chien. . . . { Porte-aiguille,
                                   { Manchon,
                                   { Aiguille,
                                   { Bouchon,
                                   { Ressort à boudin.

---

culasse, qui seront probablement seules employées désormais comme armes de guerre. Les différences résultant d'un changement de système ne nécessiteraient à notre point de vue que des modifications peu importantes dans la rédaction du Manuel, et n'en produiraient même aucune dans la deuxième partie. Les francs-tireurs, en admettant qu'ils se servent habituellement d'une autre arme, apprendraient très-vite, au moyen du Manuel, tout ce qu'il leur importe de connaître en ce qui concerne le fusil Chassepot. Ceux qui désireraient plus de détails les trouveraient dans l'*Instruction sur le tir du 1er novembre 1867* (Paris, Dumaine, 1867).

(1) L'instructeur d'une classe de francs-tireurs sera

Monture. . . . . $\left\{\begin{array}{l}\text{Fût,}\\ \text{Poignée,}\\ \text{Crosse,}\end{array}\right.$

Baguette,
Embouchoir,
Grenadière,
Pontet,
Vis de culasse,
Sabre-baïonnette,

La cartouche comprend : $\left\{\begin{array}{l}\text{Amorce,}\\ \text{Etui à poudre,}\\ \text{Balle.}\end{array}\right.$

DÉMONTAGE ET REMONTAGE.

DÉMONTAGE.

Enlever la baguette,
Desserrer de trois filets la vis-arrêtoir,
Enlever la culasse mobile, en pressant sur la
détente,
Vis de culasse,
Embouchoir,
Grenadière,
Canon.

REMONTAGE.

Dans l'ordre inverse.

DÉMONTER LA CULASSE MOBILE.

Mettre le chien à l'abattu,
Dévisser le bouchon avec la clef,

---

celui d'entre eux qui aura au préalable étudié le Manuel ou
qui ayant été militaire a l'habitude du fusil et des manœuvres.

Enlever l'aiguille et son manchon en pressant sur le ressort à boudin,

Séparer l'aiguille du manchon,

Enlever le ressort à boudin,

Séparer la tête mobile de la rondelle en caoutchouc.

REMONTAGE.

Dans l'ordre inverse.

NOTE.

En apprenant le montage et le démontage, l'instructeur indiquera la manière de changer l'*aiguille* ou la *rondelle* en cas de besoin.

NETTOYAGE ET ENTRETIEN.

L'instructeur fera voir que le nettoyage et l'entretien sont très-aisés.

Il évitera d'entrer dans des détails inutiles, en se bornant à l'indispensable.

On nettoie, après un tir, le canon démonté comme un fusil de chasse avec une baguette en bois à l'extrémité de laquelle est un linge, et on a soin de le faire parfaitement sécher.

Hors du service, toutes les pièces en acier doivent être passées au chiffon gras. On essuie le fusil au moment de s'en servir.

NOTE.

Le franc-tireur doit se borner au démontage, au remontage et à l'entretien de l'arme tels qu'ils viennent d'être exposés. — Cela ne suffit évidemment que pour l'usage ordinaire. — Dans un cas nécessitant autre chose que ce qui a été indiqué, il faut avoir recours ou à un armurier ou à une personne habituée à l'usage de ce fusil.

HAUSSE.

L'instructeur indiquera la manière de disposer la *hausse* aux différentes distances. Jusqu'à 250 mètres, on abaisse le *curseur* autant que possible et on baisse la *planche en arrière*.

De 250 et à 350, de 350 à 450 mètres, etc., on abaisse de même la planche, après avoir glissé le curseur jusqu'à la *graduation* 300, 400, etc.

A partir de 500 mètres, on dresse la planche, après avoir amené le curseur à la graduation.

2° POINTAGE.

Pointer, c'est diriger l'arme de façon à atteindre le but. Le plus souvent, c'est mettre en ligne droite, le fond du cran de mire de la hausse, le sommet du guidon et le but à atteindre.

Sur une table, on place à une hauteur du sol, égale à celle moyenne des épaules, un petit sac en toile à moitié rempli de sable.

Sur ce sac, on dispose le fusil en équilibre, le bout du canon dirigé vers le but, qui est ou une cible disposée à une distance convenable, ou un pain à cacheter collé sur un mur, etc.

L'instructeur *pointe le fusil.*

Chaque homme se place successivement en arrière et, fermant l'œil gauche, dirige un rayon visuel, passant par le fond du cran de mire de la hausse, le sommet du guidon et le but à atteindre.

Il se rend compte de ce qu'est un fusil *bien pointé*.

L'instructeur déplace ensuite l'arme, et chaque franc-tireur pointe lui-même jusqu'au moment où il arrive à bien pointer.

Cette instruction capitale s'acquiert ordinairement en peu de temps, surtout avec des hommes habitués déjà à l'usage des armes à feu.

L'instructeur termine ce qui a rapport au pointage, en montrant aux francs-tireurs la manière *d'armer le fusil* et de mettre le *chien au cran de sûreté*.

3° POSITIONS ET TIR SIMULÉ.

Les francs-tireurs sont placés sur un rang, à un ou deux pas d'intervalle l'un de l'autre.

L'instructeur commande :

Position debout.

Le franc-tireur se place carrément, tenant l'arme près du corps avec la main droite à la poignée, avec la main gauche en dessous de la hausse.

Il se fend de la partie droite à quelques centimètres sur la droite et un peu en arrière.

Il place la main droite à la hanche, le coude au corps, l'extrémité du canon en avant et à hauteur de l'œil.

Il dispose la hausse suivant la distance à laquelle il est supposé pointer et arme.

Soulevant l'arme avec les deux mains, il l'appuie à l'épaule droite en glissant la main gauche contre le pontet, qui se trouvera entre le pouce et le premier doigt, la main renversée.

Il engage le premier doigt ou les deux premiers

doigts en avant de la détente, ferme l'œil gauche et pointe comme cela lui a été indiqué, en baissant la tête le moins possible.

Il quitte la position et la reprend plusieurs fois de suite.

Quand il exécute bien le mouvement il presse sur la détente en pointant, fait partir le coup sans secousse et en retenant sa respiration, de manière à ne pas déranger la *mire* (1).

Puis, quittant la position, il arme de nouveau, épaule, tire d'après les principes prescrits et continue à s'exercer de la même manière.

Dans les premiers exercices, principalement, il sera très-utile que le pointage dans la position debout s'exécute *sur appui*, c'est-à-dire, en appuyant le bout du canon sur une table, une chaise ou tout autre objet.

Il y aura toujours une cible disposée à une certaine distance du tireur ; ce sera un rond noir dessiné sur un mur ou sur un arbre, ou tout autre but analogue, comme il a été dit ci-dessus. Ce but sera supposé successivement aux diverses distances depuis 100 mètres jusqu'à 1,000 et 1,200 mètres et la hausse disposée en conséquence.

POSITION A GENOU.

L'instructeur commande :

Position à genou.

Répéter l'exercice précédent en mettant le genou droit à terre un peu en arrière du pied

---

(1) Par *mire*, nous entendons le *rayon visuel* passant par le fond du cran de mire de la hausse et le sommet du guidon.

gauche; appuyer le coude gauche sur le genou gauche et prendre une position commode, par exemple s'asseoir sur le mollet droit.

Avant d'abattre l'arme on dispose la hausse et on arme.

Même recommandation que ci-dessus pour le pointage sur appui.

Le pointage sur appui est le meilleur .exercice préparatoire du tir : c'est en pointant sur appui qu'on arrive à corriger le plus facilement les défauts de pointage et à surmonter les difficultés *de l'action sur la détente.*

POSITION A VOLONTÉ.

Les deux positions *debout* et *à genou* sont régulières, mais le franc-tireur doit pouvoir tirer dans toutes les positions : *assis, couché, accroupi, etc.;* c'est à lui qu'il appartient de se perfectionner dans le tir, par des exercices de pointage, répétés dans diverses positions.

Quelle que soit la position prise, du moment où après que le franc-tireur a pointé et agi sur la détente, la mire est encore dirigée sur le but, après l'abattu du chien, c'est que la position est bonne et peut être adoptée au besoin.

Il n'y a de mauvaise position que celle qui peut empêcher d'atteindre le but.

TIR SIMULÉ.

Si faire se peut, les exercices de pointage dans toutes les positions seront répétés avec des cartouches à poudre.

Dans ces diverses positions, le franc-tireur, pour charger, saisira le levier avec la main droite, les ongles en l'air, le renversera à gauche, puis en arrière sans trop de brusquerie, placera la cartouche, refermera le mécanisme par un mouvement inverse et saisira l'arme à la poignée avec la main droite, avant de mettre en joue.

Il prendra pour pointer la position qui lui convient le mieux et principalement celle dans laquelle il reconnaît que l'arme est plus immobile et qu'il vise plus facilement.

Il est important, que chaque franc-tireur ait une position qui lui donne toute confiance en son arme, c'est-à-dire une position adoptée par lui et qu'il a reconnue lui être la plus commode et la plus facile.

Lorsque le franc-tireur aura tiré un certain nombre de cartouches à poudre, avant de le faire passer au tir réel, l'instructeur devra lui faire remarquer au préalable :

1° Que le fusil Chassepot est exempt de toute espèce de recul et de crachement, et que par conséquent le tir réel n'est pour le tireur qu'une répétition du tir simulé ;

2° Qu'en cas de *raté*, si la cartouche ne s'enlève pas facilement, il faut mettre le chien à *l'armé*, ouvrir le *mécanisme*, prendre la baguette et la descendre *avec précaution* dans le canon pour chasser la cartouche ;

3° Que le fusil chargé, et dont on ne doit pas se servir immédiatement, doit toujours être au cran de sûreté.

4° TIR RÉEL.

Les conditions de terrain , de dimensions de cible, de nombre de cartouches à tirer, la manière de relever les balles, les positions dans lesquelles on doit tirer, etc., sont déterminées par les francs-tireurs eux-mêmes suivant les circonstances diverses qui se peuvent présenter.

Les règles suivantes doivent être parfaitement sues par tous les francs-tireurs, qui, habitués pour la plupart à l'usage des armes à feu, les connaissent par expérience et en savent la justesse.

Un vent, venant d'arrière, augmente la portée ; en conséquence il faudra, en pareil cas, *viser bas*.

Un vent, venant d'avant, la diminue : *viser haut.*

Un vent de droite fait porter à gauche : *viser à droite.*

Un vent de gauche fait porter à droite : *viser à gauche.*

Un temps sec tend à augmenter la portée : *viser bas.*

Un temps humide tend à la diminuer : *viser haut.*

Par *viser haut, viser bas, à droite, à gauche,* on entend viser *en dessus, en dessous, à droite* ou *à gauche* du but, d'une quantité variable suivant les circonstances atmosphériques ou la connaissance pratique que chacun a de son arme.

APPRÉCIATION DES DISTANCES.

Les armes de précision, dans la catégorie desquelles le fusil Chassepot peut être rangé, ne permettent d'obtenir un tir correct et par conséquent efficace qu'en suite de la connaissance d'un élément indispensable qui est l'*appréciation de la distance.*

Nous avons vu qu'à chaque distance, ou du

moins de 100 mètres en 100 mètres à partir de 250 mètres, il faut disposer la hausse de la façon indiquée avec beaucoup de simplicité par la graduation de l'appareil. Or, nous ne connaissons pas d'instrument peu compliqué et portatif indiquant instantanément la *distance*. L'usage, l'habitude, la réflexion peuvent seuls amener un franc-tireur à apprécier une distance avec une erreur assez faible pour être sans importance. Il faut donc que chacun d'eux, dans les circonstances ordinaires, s'exerce de lui-même à acquérir cette notion si nécessaire au point de vue du tir. Si tous n'y parviennent pas, dans une compagnie, quelques-uns du moins obtiendront des résultats satisfaisants, et le problème sera en partie résolu. Souvent d'ailleurs et en beaucoup de circonstances, quand on possède une appréciation approximative se rapprochant de la réalité, quelques coups d'essai permettent de disposer correctement la hausse. Il est un moyen pratique d'instruction que chaque franc-tireur peut mettre en usage en dehors des séances de réunion, et qui, souvent employé, diminue les erreurs d'appréciation. Il suffit *d'étalonner* son pas ordinaire et habituel, c'est-à-dire de savoir à combien de mètres correspondent un certain nombre de pas. On apprécie alors, *à la vue*, la distance à laquelle on juge que sont placés certains objets, du point où on se trouve soi-même, et on prend note des appréciations. Cheminant ensuite vers ces objets, on compte le nombre de pas qui en séparent, ce qui, au moyen de l'étalonnage, donne la distance en mètres. De la différence entre la distance réelle et la distance appréciée, ressort immédiatement l'erreur commise. Les erreurs diminueront à mesure qu'on aura répété plus souvent cet exercice auquel chacun peut facilement se livrer sur une route, dans la campagne, sur une place et enfin dans des lieux diversement variés et accidentés. Si tous ne peuvent le faire, il sera bon et utile que quelques-uns s'y appliquent, sur lesquels on puisse compter au jour du besoin. Un parfait appréciateur des distances serait d'une utilité considérable dans une compagnie de francs-tireurs. Le nombre des personnes qui parviennent à acquérir ce véritable talent est borné, même dans les troupes régulières exercées cependant avec des soins particuliers et par des méthodes minutieuses.

ESCRIME A LA BAIONNETTE.

Un certain nombre de francs-tireurs étant réunis, l'instructeur les place sur un rang, à cinq pas de distance l'un de l'autre, et fait mettre la baïonnette au canon, puis il commande :

ESCRIME A LA BAIONNETTE.

En position.

Au commandement de *En position,* chaque franc-tireur se fend de la partie droite en arrière, le milieu du pied droit derrière le talon gauche, et prend en ployant légèrement les jarrets, la position la plus commode, pour pouvoir s'élancer en avant ou en arrière, sur la droite ou sur la gauche.

Il tient le fusil de la main droite à pleine main, et à la poignée; de la main gauche, à peu près à la grenadière, suivant sa taille, les bras pendant naturellement, la baïonnette menaçante.

LANCER L'ARME.

Jeter le haut du corps en avant, ployer le jarret gauche, en tendant le droit, lancer vigoureusement l'arme en avant, en l'abandonnant de la main gauche, et reprendre la position.

EN AVANT.

S'élancer en avant d'un, deux ou trois pas et lancer l'arme comme ci-dessus.

EN ARRIÈRE.

Inverse du mouvement précédent.

A DROITE OU A GAUCHE.

Même mouvement, après s'être élancé à droite ou à gauche.

PARER.

Élever l'arme avec la main gauche et faire une opposition à droite ou à gauche, ou bien, élever l'arme au-dessus de la tête avec les deux mains, et reprendre la position.

Lorsque les francs-tireurs connaîtront ces divers mouvements, l'instructeur commandera simplement :

ESCRIME A LA BAIONNETTE.

En position = COMMENCEZ.

Les francs-tireurs exécuteront d'eux-mêmes ce qui a été prescrit ci-dessus, jusqu'au commandement de CESSEZ.

Les francs-tireurs prendront alors la position du corps et de l'arme qui leur conviendra le mieux.

DEUXIÈME PARTIE.

1° INSTRUCTION INDIVIDUELLE.

Pour cette instruction, les francs-tireurs sont sans arme.

L'instruction individuelle, qui est nécessaire pour parvenir à exécuter rapidement et avec une régularité suffisante l'école de compagnie, comprend, savoir :

Art. 1er Les principes d'alignement ;
— 2e Face à droite, face à gauche, face en arrière ;
— 3e La marche et les changements de direction ;
— 4e Mouvements en tirailleurs.

ARTICLE 1er.

PRINCIPES D'ALIGNEMENT.

L'instructeur réunit vingt à trente francs-tireurs, les place sur un rang, coude à coude, et les numérote de la droite à la gauche.

Chaque franc-tireur prend une position commode et naturelle, les bras pendant le long du corps et les épaules parallèles au rang, c'est-à-dire qu'il se place *carrément*.

Un guide exercé est attaché à la classe et placé d'abord à la droite du rang.

L'instructeur prescrit au guide de marcher trois ou quatre pas en avant et commande :

A droite = ALIGNEMENT.

Le numéro *un* tourne légèrement la tête à droite, part vivement et reprend la position qu'il occupait primitivement, par rapport au guide.

Le numéro *deux* exécute le même mouvement dès qu'il voit le numéro *un* placé, et ainsi de suite jusqu'à la gauche.

On recommande aux francs-tireurs de ne jamais dépasser l'alignement.

L'instructeur, placé en dehors du guide et faisant *face à gauche*, dirige l'alignement et fait rentrer ou sortir, les hommes mal alignés.

Les alignements *à gauche* se prennent de la même manière, après avoir fait placer le guide à gauche.

Quand le mécanisme du mouvement sera bien saisi, chaque franc-tireur, pour se porter sur l'alignement, partira presque en même temps que son voisin, en se laissant très-peu précéder par lui.

Jamais tous les hommes ne doivent partir et arriver en même temps. Ce n'est pas un mouvement d'ensemble, c'est un mouvement successif et s'exécutant homme par homme.

L'instructeur fera ensuite avancer l'épaule gauche au guide, s'il est à droite après l'avoir fait porter en avant, ou l'épaule droite, s'il est à gauche ; d'abord peu, puis ensuite davantage, jusqu'à ce que la direction nouvelle des épaules fasse un angle droit avec la ligne qu'occupait le rang.

Les alignements en arrière se prendront d'après les mêmes principes.

Les procédés sont toujours les mêmes.

L'instructeur pourra aussi se borner à commander *à droite* ou *à gauche alignement*, sans déranger le guide.

Dans ce cas les francs-tireurs se raccordent du côté indiqué.

Dans les alignements, qui sont choses d'une importance réelle, il ne faut pas s'astreindre à une minutie de détails inutiles ; il est nécessaire seulement que le mouvement s'exécute rapidement, avec une certaine régularité, et que la direction générale soit bonne.

ARTICLE 2.

FACE A DROITE, FACE A GAUCHE, FACE EN ARRIÈRE.

Le rang étant aligné, l'instructeur commande :

Face à droite = DROITE.
Ou *Face à gauche* = GAUCHE.

Au commandement de *droite* ou de *gauche*, chaque franc-tireur, tournant sur le talon gauche, fait *face à droite* ou *à gauche*, en reprenant la position primitive du corps.

Le rang faisant *face à droite*, ou *à gauche*, l'instructeur fait les mêmes commandements et le mouvement s'exécute de la même manière, de telle sorte que le rang peut faire *face* dans toutes les directions.

Le rang faisant *face en avant*, ou *en arrière*, *à droite* ou *à gauche*, c'est-à-dire dans quelque position qu'il occupe, lorsque l'instructeur voudra lui faire faire *face en arrière*, il commandera :

Face en arrière = TOURNEZ.

Au commandement de : *tournez*, les hommes

feront *face en arrière*, en *tournant à droite* sur le *talon gauche* et s'aidant du *pied droit*, et reprendront la position prescrite.

ARTICLE 3.

LA MARCHE ET LES CHANGEMENTS DE DIRECTION·

Le rang faisant *face en avant* ou *en arrière*, un guide habitué à cadencer le pas, sera placé trois ou quatre pas en avant du centre, un autre à la droite ou à la gauche du rang.

L'instructeur indiquera à ce dernier guide le point vers lequel il devra se diriger et commandera :

En avant.
Guide à droite (ou *à gauche*).
Marche.

Les hommes partiront vivement du pied gauche. Ils observeront :

1° De se tenir à peu près à hauteur de leur voisin du côté du guide, sans jamais le dépasser.

2° De résister à la pression venant du côté opposé au guide et de céder à celle qui viendrait de ce côté.

3° De marcher le même pas que le guide placé en avant du rang.

Si on a un clairon, il donnera la cadence.

Dans le cas contraire, elle sera indiquée par les commandements de *un* et de *deux*, faits par l'instructeur, suivant que l'un ou l'autre pied pose à terre.

En observant scrupuleusement ces quelques principes, les francs-tireurs arriveront promptement à marcher d'une façon suffisamment régulière pour les manœuvres.

En dehors des manœuvres, chacun d'eux marche comme cela lui est le plus commode, en ayant soin seulement de marcher à hauteur du voisin du côté du guide.

Le rang marchant *face en avant*, lorsque l'instructeur voudra le faire marcher *face en arrière*, il commandera :

> *Face en arrière* = TOURNEZ.
> *Guide à droite* (ou *à gauche*).

Au commandement de *tournez*, le rang fera *face en arrière*, comme il a été indiqué ci-dessus. Le guide qui se trouvera en arrière passera en avant du rang et la marche continuera comme ci-dessus.

Les moyens et les commandements pour remettre le rang face en avant, sont les mêmes.

Le rang marchant *face en avant* ou *face en arrière*, lorsque l'instructeur voudra le faire marcher *face à droite* ou *à gauche*, il commandera :

> *Face à droite* = DROITE.
> Ou *face à gauche* = GAUCHE.

Les francs-tireurs feront *face à droite* ou *à gauche* et marcheront dans cette nouvelle direction, en ayant soin de conserver environ cinquante centimètres d'intervalle d'un homme à l'autre. Cette distance doit être conservée constamment.

Le premier homme du rang, marche exactement derrière le guide et chaque homme derrière son voisin, dont la tête doit lui cacher toutes celles qui sont en avant.

Le guide se portera rapidement du côté où on fait face, s'il n'y est déjà.

Le rang faisant *face à droite* ou *à gauche* et

marchant ainsi sera remis *face en avant* ou *face en arrière*, par les commandements de :

> ***Face à droite*** = DROITE.
> Ou *face à gauche* = GAUCHE.

L'instructeur commandera ensuite :

> ***Guide à droite*** (ou *à gauche*).

Le guide se portera rapidement du côté désigné.

De quelque manière que marche le rang, lorsque l'instructeur veut l'arrêter, il commande :

> ***Halte.***

Le rang s'arrête et aucun homme ne bouge plus.

CHANGEMENTS DE DIRECTION.

Les changements de direction s'exécutent *à droite* ou *à gauche*, *de pied ferme* ou *en marchant*.

1° DE PIED FERME.

Un changement de direction de pied ferme n'est autre chose qu'un *alignement à angle droit*, tel qu'il a été indiqué précédemment.

Le rang faisant *face en avant* ou *en arrière*, l'instructeur commande : *Guide à droite* ou *guide à gauche*, afin que le guide se porte rapidement du côté où doit s'exécuter le changement de direction.

L'instructeur, voulant faire tourner à droite, commande :

> ***Tournez à droite..***
> MARCHE.

3.

Au commandement de : *Tournez à droite*, le guide, placé à la droite du rang, fait *face à droite* et *les trois premiers hommes du rang se portent rapidement à sa hauteur et s'alignent sur lui.*

Au commandement de : *Marche*, le rang entier se porte sur la nouvelle direction, d'après les principes prescrits pour les alignements.

L'instructeur et le guide, placés devant le rang, ce dernier faisant face au rang dès le premier commandement, assurent l'exécution du mouvement.

Le mouvement de : *Tournez à gauche*, s'exécute par les moyens inverses et par le commandement de :

> *Tournez à gauche.*
> MARCHE.

2° EN MARCHANT.

Le mouvement s'exécute comme de pied ferme, mais seulement au commandement de *marche*.

A ce commandement, le guide qui s'est porté du côté où on doit tourner, s'il n'y était déjà, fait *à droite* ou *à gauche* et se prolonge dans la nouvelle direction.

Les hommes exécutent successivement le même mouvement en accélérant l'allure jusqu'à *courir* même et se reforment promptement dans la nouvelle direction.

Chacun prend le pas de son voisin du côté du guide.

Le rang marchant *face à droite* ou *face à gauche*, changera de direction par les mêmes commandements :

Au commandement de : *Marche*, le guide fait à droite ou à gauche et se prolonge dans la nouvelle direction. Chaque franc-tireur vient successivement changer de direction au même point que celui qui précède et se conforme aux principes de la marche indiqués précédemment.

ARTICLE 4.

MOUVEMENTS EN TIRAILLEURS.

L'instructeur réunira autant que possible *quarante francs-tireurs* et les placera sur un rang; ils seront partagés en quatre groupes de dix ou sections égales.

A quatre pas en arrière du centre de chaque section, sera placé un chef de section.

L'instructeur commandera :

1. *En tirailleurs.*
2. *Sur la* 2e (ou 1re, ou 3e, ou 4e) *section à (X) pas.*
3. MARCHE.

Chaque chef de section, passe immédiatement devant le centre de sa section.

L'instructeur indique au chef de la 2e section le point sur lequel il doit se diriger et où il doit s'arrêter.

Les sections se mettent en marche.

Les francs-tireurs de chaque section, groupés derrière leur chef de section, auront soin de se maintenir toujours à quatre pas derrière lui.

La 2e section marchera directement sur le point qui lui aura été désigné.

Le chef de la 1re section se dirigera à droite, de manière à gagner à droite, le nombre de pas indiqués par l'instructeur.

Les 3e et 4e sections se dirigeront à gauche, de manière à gagner de la même façon à gauche le nombre de pas indiqués par l'instructeur et qui doivent séparer la 3e de la 2e, et la 4e de la 3e.

La 2e section, arrivée au point indiqué, est arrêtée par son chef.

Les autres sections s'arrêtent, quand elles ont gagné leur intervalle et qu'elles sont arrivées à hauteur de la 2e.

Les hommes se placent rapidement sur un rang face à l'ennemi, les chefs de section passent à quatre pas derrière leurs sections.

L'instructeur fait marcher les tirailleurs ainsi disposés, *en avant, en arrière, à droite* et *à gauche,* par les commandements et les moyens prescrits précédemment.

Les sections, auront soin de garder à peu près leur intervalle du côté de la section de direction. Les chefs de sections y veilleront.

Au commandement de : *Halte,* les sections feront toujours *face à l'ennemi.* Si l'instructeur veut déployer les sections *en tirailleurs,* il commande : *En tirailleurs.*

(*Ou donnera un coup de sifflet*).

A ce commandement, la 2e section se déploiera sur l'homme de droite, c'est-à-dire que les hommes s'espaceront également, de manière à occuper l'intervalle qui les séparera de la 3e section.

La 3e section occupera de même l'intervalle qui la sépare de la 4e.

La 4e s'espace à gauche, sous la direction de son chef. La 1re section s'espace dans l'intervalle qui la sépare de la 2e.

Les francs-tireurs, étant ainsi espacés, marchent *en avant, en arrière, à droite* et *à gauche,* par les commandements prescrits précédemment, en ayant soin de garder autant que possible l'intervalle qui les sépare d'homme à homme.

Les francs-tireurs marchant ainsi espacés et dans une direction quelconque, l'instructeur pourra commander :

Ralliement par section.

A ce commandement, le chef de section se porte rapidement à un point quelconque de la section. Les francs-tireurs de chaque section, s'y rallient au pas de course, forment sous sa direction et aussi rapidement que possible un cercle compact autour de leur chef. Ils feront *face en dehors.*

Le commandement de : *Ralliement par section,* pourra être remplacé par une succession de *deux coups de sifflet* saccadés et séparés de *deux* en *deux* par un petit intervalle de temps.

Les francs-tireurs étant ralliés par section, l'instructeur les fera marcher comme précédemment dans toutes les directions. Les sections auront soin de conserver l'intervalle qui les sépare.

Dans quelque position, que se trouvent les tirailleurs, si l'instructeur veut les rallier à la réserve, il commandera :

Ralliement sur la réserve.

Ce commandement peut être remplacé par des *coups de sifflet allongés.*

A ce commandement, chaque section prendra le pas de course, se dirigera vers l'instructeur, mais les hommes resteront groupés auprès de leurs chefs, et le rang se reformera derrière l'instructeur.

Si le vent, la distance ou tout autre motif, empêchaient les commandements d'arriver aux tirailleurs, l'instructeur échelonnerait deux ou trois hommes entre lui et les sections, pour répéter les commandements ou les coups de sifflet.

Les chefs de sections répéteront toujours les commandements aussitôt qu'ils leur parviendront.

REMARQUE. — Si au lieu de déployer les sections en avant du terrain qu'elles occupaient, le chef avait voulu les déployer de pied ferme, c'est-à-dire sur ce terrain même, la 2ᵉ section n'aurait pas bougé. La 1ʳᵉ conduite par son chef, aurait gagné *X pas à droite*, la 3ᵉ *X pas à gauche* et la 4ᵉ *X pas à gauche* de la 3ᵉ. Le reste comme ci-dessus.

RÈGLE GÉNÉRALE POUR L'INSTRUCTION INDIVIDUELLE.

Les commandements doivent toujours être faits dans le haut de la voix, à laquelle on donne toute l'étendue possible ; les commandements d'exécution prononcés brièvement pour décider l'exécution des mouvements. Chaque franc-tireur exécute le mouvement dès que le commandement lui parvient, et cela promptement et sans hésitation. L'ensemble n'est pas indispensable mais il faut de la rapidité et de l'attention.

INSTRUCTION D'ENSEMBLE OU ECOLE DE COMPAGNIE.

Cette école comprend six articles :

ART. 1ᵉʳ. Ordre en bataille.
— 2. Ordre en colonne.

Art. 3. Passage de l'ordre en bataille, à l'ordre en colonne et réciproquement.
— 4. Ordre en carré.
— 5. Maniement de l'arme, charge et feux.
— 6. Mouvements en tirailleurs.

Une compagnie de francs-tireurs doit être composée d'un nombre d'hommes compris entre 48 et 200. Au-dessous de ces chiffres, les subdivisions sont trop faibles. Au-dessus, les manœuvres ne peuvent s'exécuter d'une manière régulière.

A chaque compagnie, doivent être attachés :

    1° *Un chef de compagnie;*
    2° *Deux chefs de peloton;*
    3° *Deux chefs de section;*
    4° *Quatre guides.*

En outre deux serre-files, seront attachés à chaque peloton, comme *guides de remplacement.*

ARTICLE 1er.

ORDRE EN BATAILLE.

Les francs-tireurs d'une division étant dispersés sur un terrain quelconque d'exercice ou autre, le chef de compagnie commande : *en bataille,* ou fait avec le sifflet, le signal indiqué précédemment pour *ralliement à la réserve.*

A ce commandement, les francs-tireurs se rendent au pas de course auprès du chef de compagnie et se forment sur deux rangs, dans une direction indiquée par lui.

Les chefs de peloton, de section et les guides, les dirigent et veillent à la prompte éxécution du mouvement.

Le franc-tireur du 1ᵉʳ rang et celui qui est placé au 2ᵉ derrière lui, forment *une file*; le 2ᵉ rang est à 50 centimètres du 1ᵉʳ.

Le chef de compagnie compte les files, partage la division en deux *pelotons* égaux et chaque peloton en deux *sections*.

La place de bataille des chefs de peloton, chefs de section, guides, etc., est indiquée dans la figure nᵒ 1. On s'y conformera à toute réunion des francs-tireurs.

Le chef de compagnie se porte partout où il uge sa présence nécessaire.

Dans le cas où les diverses subdivisions devraient être composées toujours des mêmes hommes, quand on devra manœuvrer, il faudra égaliser le nombre des files ; cela est indispensable pour la correction et la régularité des manœuvres.

La compagnie étant formée en bataille, comme il a été prescrit ci-dessus, le chef lui fera exécuter, savoir :

Les alignements à droite et *à gauche dans toutes les directions;*

Les face à droite et *face à gauche;*

La marche, face en avant, ou *en arrière, à droite* ou *à gauche;*

Les changements de direction, de pied ferme et en marchant.

Par les commandements et les moyens prescrits à l'instruction individuelle.

OBSERVATIONS.

La position des deux rangs, n'a rien d'absolu.

La compagnie doit exécuter faisant *face en arrière,* tout ce qu'elle a exécuté faisant *face en avant.* Ce qui a été prescrit au 1ᵉʳ rang, s'applique au 2ᵉ devenu 1ᵉʳ, et réciproquement. Les dénominations de 1ᵉʳ et de 2ᵉ rang sont seulement *pour ordre* et n'indiquent pas qu'un rang soit plutôt en avant que l'autre,

Comme règle générale, le rang qui est en avant exécute ce qui a été prescrit à l'instruction individuelle, et le second rang se place à sa distance, ainsi que les serre-files.

Dans les alignements, le premier homme du second rang, du côté de l'alignement, se place correctement à 50 centimètres derrière son chef de file et le rang s'aligne sur lui.

Dans la marche, on doit recommander aux francs-tireurs d'éviter les mouvements brusques et de ne reprendre que petit à petit la position indiquée, s'ils se sont jetés *trop en avant* ou *trop en arrière*, *trop à droite* ou *trop à gauche*.

Quand la compagnie fait *face en arrière*, les serre-files se portent rapidement derrière le 1ᵉʳ rang devenu 2ᵉ, en passant par le flanc de leur peloton respectif et reprennent par rapport au 1ᵉʳ rang, la position qu'ils occupaient derrière le 2ᵉ.

Ils font l'inverse, quand on revient *face en avant*.

La marche *face à droite* ou *à gauche*, ne comporte rien de nouveau. Les francs-tireurs ont soin de conserver la distance qui les sépare de leur chef de file, et de marcher les uns derrière les autres, en observant les principes prescrits. Le 1ᵉʳ homme du rang, placé derrière le guide, marche exactement derrière lui.

Dans les changements de direction, le rang qui est en arrière, se conforme aussi rapidement que possible au mouvement de celui qui est en avant chaque homme suivant exactement son chef de file.

ARTICLE 2.

ORDRE EN COLONNE.

Dans l'ordre en colonne, les subdivisions sont placées les unes derrière les autres, comme l'indiquent les figures 2 et 3, et à distance d'un guide à l'autre égale à la longueur de la subdivision.

On se conformera aux indications fournies par ces figures, pour le placement des chefs de peloton, de section et les guides.

La compagnie est formée *en colonne par pelotons* ou *par sections.*

Dans le 1ᵉʳ cas, il y a un guide sur chaque flanc des pelotons.

Dans le 2ᵉ cas, le guide est placé dans chaque subdivision du côté indiqué par le chef.

La compagnie étant en colonne, soit *par pelotons, par sections,* exécute tout ce qui a été prescrit, dans l'ordre en bataille, à l'exception des changements de direction de pied ferme, savoir :

1° *Les alignements à droite* et *à gauche ;*
2° *Les face à droite* et *à gauche ;*
3° *La marche, face en avant, en arrière, à droite* ou *à gauche ;*
4° *Les changements de direction en marchant.*

Les commandements sont les mêmes.

OBSERVATIONS.

Dans les *alignements,* la subdivision qui est

en tête s'aligne comme si elle était isolée, le guide ayant été placé par le chef.

Il en est de même des subdivisions suivantes, chaque guide se plaçant correctement derrière celui qui le précède et à distance de subdivision.

Dans les *face à droite* ou *à gauche*, le guide se place toujours devant le premier homme du rang qui est en avant et du côté où on fait face.

Dans la *marche en avant* ou *en arrière*, la subdivision qui est en avant se conforme aux indications données pour la *marche en bataille*. Les subdivisions qui suivent font de même, mais les guides ont soin de conserver l'intervalle qui les sépare chacun de celui qui le précède et de marcher dans ses traces.

Dans la marche *face à droite* ou *à gauche*, la subdivision qui était en tête marche comme si elle était isolée ; il en est de même des suivantes, mais les guides ont soin de marcher à hauteur du guide de celle qui était en avant et de conserver les distances d'une subdivision à l'autre.

Pour les changements de direction en colonne, le chef commande :

Tournez à gauche ou *à droite.*

La 1re subdivision, arrivée au point indiqué, exécute le mouvement comme si elle était isolée. La suivante et les suivantes exécutent successivement le même mouvement en arrivant à ce point et de la même manière.

ORDRE EN COLONNE SERRÉE.

Dans l'ordre en colonne, les subdivisions sont ordinairement à distance entière comme il a été dit ci-dessus.

Si le chef veut faire serrer la colonne, il commande :

En masse serrez la colonne.

La 1re subdivision ne bouge pas, la suivante et les suivantes serrent au commandement de leurs chefs, chacune sur celle qui est devant elle, de manière qu'il n'y ait plus qu'un mètre d'intervalle d'une subdivision à l'autre.

Tout ce qui a été indiqué pour être exécuté à distance entière, s'exécute également en colonne serrée, par les mêmes commandements et les mêmes moyens, seulement, dans *les changements de direction en marchant,* chaque subdivision ne tourne que quand celle qui précède a presque exécuté son mouvememt, de telle sorte qu'il n'y ait pas de confusion possible. Son chef a soin de l'arrêter et de la remettre en marche en temps voulu, ce que la pratique apprend du reste très-vite.

Pour passer de la *colonne serrée* à la *colonne à distance entière,* le chef commande :

Prenez vos distances.

Le chef de la subdivision qui est en avant la met en marche ; de même pour les chefs des subdivisions suivantes, à mesure que chacune d'elles a sa distance.

RÈGLE.

La colonne étant à distance entière ou serrée et en marche, si le chef veut continuer la marche dans la même direction, mais sur *deux de front,* c'est-à-dire comme si on marchait *face à droite* ou *à gauche,* il arrête la colonne et fait faire *face à droite* ou *à gauche*, puis il commande : *tournez à gauche* ou *à droite*. La subdivision qui est en avant *tourne à gauche* ou *à droite*, et chacune des suivantes se place derrière celle qui précède. On retombe alors dans un mouvement indiqué à l'art. 1ᵉʳ.

ARTICLE 3.

PASSAGE DE L'ORDRE EN BATAILLE A L'ORDRE EN COLONNE et réciproquement.

1° *De l'ordre en bataille à l'ordre en colonne.*

La division étant *en bataille*, le chef commande :

> *Par peloton* ou (*par section*) *tournez à droite* ou (*à gauche*).

MARCHE.

Chaque subdivision exécute *un changement de direction de pied ferme*, comme il a été indiqué ci-dessus. La colonne se trouve ainsi formée et chacun se porte aux places indiquées aux figures 2 et 3 ; les chefs de subdivisions, après avoir assuré leurs subdivisions dans la nouvelle direction, les guides côte à côte avec l'homme du rang qui est en avant et du côté où on a tourné.

REMARQUE.

Si la colonne a été formée par *pelotons* et que le chef veuille la former par *sections*, il ordonne aux chefs des 2ᵉ et 4ᵉ *sections* de leur faire faire *face à droite*, et de les porter à distance entière, derrière les 1ʳᵉ et 3ᵉ, de manière à passer de l'ordre indiqué figure 2, à l'ordre indiqué figure 3. Cela se ferait d'une manière analogue si le 2ᵉ peloton était en avant ; les 3ᵉ et 1ʳᵉ sections seraient portées derrière les 4ᵉ et 2ᵉ, etc.

2° Passer de l'*ordre en colonne*, à l'*ordre en bataille*.

La colonne étant *par pelotons* ou *par sections*, l'instructeur commande :

Par peloton ou (*par section*) *tournez à droite* (ou *à gauche*). = MARCHE.

Chaque subdivision, exécute un changement de direction de pied ferme du côté indiqué et chacun reprend sa place de *bataille*.

Le chef commande *à droite* ou *à gauche alignement*, et la division se trouve formée en *bataille*.

Si la colonne était serrée, ou même si elle était à distance et que le chef le jugeât convenable, la formation *en bataille* s'exécuterait comme il a été indiqué à l'article précédent, pour passer d'une *marche en colonne par subdivision, à une marche sur deux de front.* La division étant toute entière dans la nouvelle direction, serait arrêtée et on lui ferait faire *face à droite* ou *à gauche*, suivant le cas.

ARTICLE 4.

ORDRE EN CARRÉ.

La colonne étant par sections, le chef commande :

En carré = MARCHE.

Au commandement de *marche*, la colonne serre en masse, si elle est à distance entière.

Les files extérieures font *à gauche* ou *à droite*.

La dernière subdivision fait *face en arrière*, les serre-files et les guides passent tous dans l'intérieur du carré.

L'intervalle compris entre les subdivisions est bouché rapidement, soit par des hommes des subdivisions intérieures, soit par les serre-files, les guides, etc.

Le carré est formé de la même manière, si la colonne est par pelotons.

Pour reformer la colonne, l'instructeur commande :

Formez la colonne.

Tout le monde revient *face en tête*, et chacun reprend la place qu'il occupait à la colonne serrée de l'article précédent, qui peut *marcher, s'arréter, changer de direction, reformer le carré*, etc.

RÈGLE GÉNÉRALE.

Toutes les manœuvres se font de pied ferme, c'est-à-dire que le chef arrête toujours sa compagnie, avant de lui faire exécuter une des manœuvres ci-dessus.

Le temps qu'on gagnerait à exécuter les manœuvres en marchant serait insignifiant et il y aurait nécessairement beaucoup plus de chance de confusion et d'irrégularité.

ARTICLE 5.

MANIEMENT DE L'ARME, CHARGE ET FEUX.

Le *maniement de l'arme* consiste en quelques mouvements très-simples, qui mettent à même les francs-tireurs réunis en troupe, de se servir de leur arme, comme *arme de main* et de la porter d'une manière commode et uniforme pendant les manœuvres.

Les francs-tireurs seront placés sur un **rang** et comme il a été prescrit ci-dessus.

L'instructeur commande :

Repos.

A ce commandement, les francs-tireurs placent la crosse de l'arme contre la pointe du pied droit et maintiennent l'arme à peu près verticale, la baguette en avant, le bras droit allongé, le canon entre le pouce et l'index, le bras gauche pendant naturellement.

Arme sur l'épaule = DROITE.

Les francs-tireurs portent l'arme sur l'épaule droite, en s'aidant de la main gauche, placent la crosse sur l'épaule droite, l'extrémité de la crosse entre les doigts de la main droite, le bout du canon en l'air, le bras gauche pendant naturellement.

Baïonnette au canon.

Les francs-tireurs disposent l'arme comme à la position de *repos*, portent la main gauche au sabre-baïonnette, le tirent du fourreau et le placent au canon en s'aidant de la main droite ; puis il reprennent la position de *repos*.

Repos.

Les francs-tireurs replacent l'"arme, comme il a été indiqué précédemment, en s'aidant de la main gauche.

Croisez la baïonnette.

Que les francs-tireurs soient à la position de *repos*, ou *l'arme sur l'épaule* au commandement de : *croisez la baïonnette*, ils se fendent de la partie droite, à quelques centimètres en arrière, le milieu du pied droit derrière le talon gauche, penchant un peu le haut du corps en avant, pour mieux résister à un effort, saisissent l'arme à la poignée avec la main droite, à peu près à la hausse avec la main gauche, la main droite à la hanche, le coude appuyé au corps, la pointe de la baïonnette à hauteur de l'œil.

Remettez==LA BAIONNETTE.

Inverse de ce qui a été indiqué pour la mettre au canon.

Charge.

Dans quelque position que soit l'arme, l'instructeur commande :

Chargez==VOS ARMES.

Les francs-tireurs prennent la position *debout* indiquée précédemment, chargent dans cette position et se tiennent prêts à tirer.

Si l'instructeur ne veut pas faire exécuter le *feu*, il commande *repos*, ou *arme sur l'épaule droite*, ou tout autre commandement. Les francs-tireurs mettent le chien au cran de sûreté et se conforment à ce qui a été ordonné.

FEU.

Dans quelque position que soit l'arme, l'instructeur commande :

Attention.
À X mètres.
COMMENCEZ LE FEU.

Au commandement d'*attention*, tout le rang prend *la position debout*, à X *mètres*, les francs-tireurs disposent la hausse. Au commandement de *commencez le feu*, chaque franc-tireur exécute ce qui a été indiqué à la position debout, puis il charge, tire de nouveau et ainsi de suite.

Il lui est recommandé de tirer toujours lentement et de toujours mettre un objet en joue.

Pour faire cesser le feu, l'instructeur commandera :

CESSEZ LE FEU.

A ce commandement, les francs-tireurs cessent de tirer.

L'instructeur commande alors :

REPOS ;
ou *arme sur l'épaule*=DROITE ;
ou *croisez*=LA BAIONNETTE.

Si l'instructeur veut laisser à chaque franc-tireur la faculté de prendre la position qui lui convient pour le tir, et cela doit avoir lieu le plus souvent, il commande :

Attention ;
FEU A VOLONTÉ ;
A (X *mètres*) ;
COMMENCEZ LE FEU.

Au commandement de *feu à volonté*, chaque franc-tireur prend la position qui lui est la plus commode et tire exactement comme ci-dessus.

Au commandement de *cessez le feu*, suivi d'un commandement indiquant comment l'arme doit être disposée, chacun reprend la position régulière.

NOTE.

Lorsque les francs-tireurs sauront exécuter sur un rang, le maniement d'arme, la charge et les feux, on formera la compagnie *en bataille*.

Le maniement d'arme et la charge n'offrent rien de particulier.

En *croisant la baïonnette*, le second rang serre un peu sur le premier, de manière que les baïonnettes débordent bien le 1er rang et reprennent ensuite leur distance quand le mouvement cesse.

Au commandement d'*attention* dans les feux, le rang qui est en arrière appuie un peu à droite, de manière que les hommes du 2e rang soient dans le créneau formé par deux hommes du rang qui est en avant.

Dans les feux, le chef peut prescrire *aux chefs de peloton, de section, guides, serre-files*, etc., de se porter sur la droite ou sur la gauche du peloton et de se former sur un rang, pour exécuter eux-mêmes le feu, comme les autres francs-tireurs.

Ils reprennent leur place de *bataille*, au commandement de *cessez le feu*.

Le chef fait exécuter les mouvements des articles 1, 2, 3 et 4, les francs-tireurs ayant l'arme.

Dès que les francs-tireurs sont formés *en bataille*, ils reposent sur l'arme.

Quand l'instructeur le juge nécessaire, il fait ou mettre *l'arme sur l'épaule* ou *croiser la baïonnette*.

Dans tous les mouvements en marchant, au commandement de *marche*, les francs-tireurs mettent l'arme sur l'épaule droite (à moins qu'il n'en soit ordonné autrement).

Au commandement de *halte*, ils prennent la position de *repos*.

Pour l'exécution des feux, le chef peut ordonner aussi la *position à genou* pour toute la compagnie ; il ajoute l'indication *à genou* après celle de *feu à volonté*.

Dans les mouvements de *marche*, quand le chef ne veut que faire *manœuvrer sans se servir de l'arme*, il commande *l'arme à la bretelle*. A ce commandement, les francs-tireurs disposent les bretelles, et placent l'arme à l'une ou l'autre épaule, ou en bandoulière, suivant qu'ils le trouvent le plus commode.

ARTICLE 6.

MOUVEMENTS EN TIRAILLEURS.

La compagnie étant en bataille, si le chef veut déployer un peloton en tirailleurs, il indique au préalable au chef de la section de direction le point vers lequel il devra se diriger, puis il commande :

> 1er (ou 2e) *peloton en tirailleurs sur* (telle) *section, à* (X) *pas.*
> MARCHE.

On suppose le 1er peloton en tirailleurs sur la 1re section.

Au commandement de : 1er *peloton en tirailleurs*, les chefs de section de ce peloton se portent devant le centre de leurs sections.

Au commandement de : *marche*, le chef de la 1re section la dirige sur le point indiqué.

La 2e section oblique à gauche en avançant de manière à gagner (X) *pas* d'intervalle à gauche, puis elle se redresse et marche à hauteur de la 1re.

Arrivée au point indiqué, la 1re section s'arrête ; les hommes du second rang passent au 1er rang, les francs-tireurs du 1er rang appuient à gauche, la section est ainsi formée sur un rang.

La 2e section fait de même, quand elle est arrivée à hauteur de la 1re. Les chefs de sections passent alors à 10 pas derrière le centre de leur section. Les guides sont à leur place de *bataille*.

S'il faut marcher *en avant*, les hommes se rapprochent les uns des autres vers le centre, toujours prêts à se grouper en cercle autour de leur chef ; il en est de même si l'on marche *en arrière à droite* ou *à gauche*.

Les commandements ont été indiqués à l'instruction individuelle.

Si l'instructeur veut déployer les sections faisant face en avant ou en arrière, il commande :

En tirailleurs (coup de sifflet).

La 1re section se déploie sur son guide de droite, comme il a été indiqué à l'instruction individuelle. Les francs-tireurs remplissent l'espace compris entre le guide de droite et la 2e section, à intervalles égaux, autant que possible, les uns des autres.

La 2e section se déploie à gauche de la même manière.

Dans cet ordre et comme il a été dit précédemment, on fait marcher la ligne des francs-tireurs *en avant, en arrière, à droite* ou *à gauche*. Ils doivent avoir soin de garder à peu près leurs intervalles et de marcher à même hauteur.

S'il veut changer la *direction* de la ligne des tirailleurs, l'instructeur fait disposer les huit ou dix premiers hommes *de droite* ou *de gauche,* suivant le cas, dans la nouvelle direction, et commande :

Alignez-vous à droite (ou *à gauche*).

Tous les francs-tireurs se portent *au pas de course* sur l'alignement des hommes placés.

Le *feu* commence, s'exécute et cesse par les commandements précédemment indiqués.

Les hommes chagent, tirent, etc., dans la position qui leur est la plus commode, qu'ils soient de pied ferme ou en marche ; mais ils doivent toujours s'arrêter pour tirer. Quelle que soit son habileté, un homme ne peut tirer avec quelque chance de succès quand il est en marche ; le tir sera toujours incertain.

Ralliement par section.

Rien à changer aux indications données à l'instruction individuelle.

RALLIEMENT SUR LA RÉSERVE.

Le mouvement a été indiqué à l'instruction individuelle.

Le commandant de la réserve commence la formation d'un carré, en ployant, perpendiculairement en arrière, trois ou quatre files de gauche et de droite.

Si le temps lui manque, il forme un arc de cercle, en refusant les deux ailes de la subdivision.

Les francs-tireurs qui se rallient complètent rapidement la formation du carré ou du cercle.

On retombe alors sur la colonne serrée formée *en carré.* Elle peut se reformer, marcher, changer de direction, etc.

OSBERVATIONS.

Si la compagnie est *en colonne* au lieu d'être *en bataille*, comme on l'a supposé ci-dessus, les mouvements de déploiements sont identiques.

Le chef peut ne déployer qu'*une section* ; il peut aussi déployer *toute la compagnie*.

Une section, ralliée autour de son chef, si l'on suppose qu'elle est trop pressée par la cavalerie ou trop faible, peut se rallier à l'autre section. Les chefs de section ont toute latitude à cet égard.

Les ralliements, et le plus souvent aussi les déploiements, doivent s'exécuter à une allure vive et accélérée.

Habituellement les francs-tireurs, en tirailleurs, mettent le sabre-baïonnette au canon et le remettent au fourreau, suivant qu'ils le jugent convenable et sans commandement de leurs chefs ; cependant ils doivent le mettre au canon dans tous les ralliements.

En tirailleurs, ils portent l'arme de la manière qui leur paraît la plus commode.

Dans les feux, ils ne doivent jamais manquer de *tirer sur appui* quand ils peuvent le faire. Cet appui sera tantôt une haie, tantôt un mur, une pierre, un arbuste, etc., etc.

Les mouvements en tirailleurs doivent être exécutés d'abord sur des terrains plats, afin que le mécanisme en soit bien saisi ; puis ensuite dans des terrains accidentés. C'est alors que les francs-tireurs doivent profiter de tous les accidents de terrain propres à les dérober au feu de l'ennemi et à assurer à eux-mêmes la facilité du pointage et l'efficacité du tir. Les chefs doivent y veiller et les diriger.

Toute troupe en tirailleurs doit toujours avoir une réserve, que le chef tient pour ainsi dire dans sa main et qu'il dispose, place et dirige comme il le juge convenable.

NOTE.

Dans tous les mouvements de l'école de compagnie, la régularité des positions et l'immobilité ne doivent pas être exigées d'une manière absolue, et ne jamais causer soit de la gêne, soit de la raideur.

Dans toutes les manœuvres, *le silence le plus complet* est de rigueur, et les francs-tireurs doivent se faire *un point d'honneur* de l'observer. On ne doit entendre absolument que les commandements prononcés à haute voix et les observations faites à voix basse.

Progression à suivre pour l'école de compagnie et commandements.

***

1° Les francs-tireurs sont sans arme.

PROGRESSION.	COMMANDEMENTS.
1° Former la compagnie en bataille (page 33).	*En bataille* (ou *coups de sifflet allongés*).
2° Aligner dans toutes les directions la compagnie faisant face en avant ou face en arrière.	*A droite* (ou *à gauche*) = ALIGNEMENT.
Pour faire faire face en arrière à la compagnie ou la remettre face en avant (page 34).	*Face en arrière* = TOURNEZ.
3° Faire exécuter les face à droite, les face à gauche et les face en arrière (page 34).	*Face à droite* = DROITE. *Face à gauche* = GAUCHE. *Face en arrière* = TOURNEZ.
4° Marcher en bataille, la compagnie faisant face en avant ou face en arrière (page 34).	*En avant.* MARCHE. *Guide à gauche* (ou *à droite*).
5° Arrêter la compagnie marchant en bataille (page 34).	HALTE.
6° Marcher, la compagnie faisant face à droite ou face à gauche (page 34).	*En avant.* MARCHE.
7° Arrêter la compagnie et la remettre face en avant ou en arrière (page 34).	HALTE. *Face à droite* = DROITE (ou *face à gauche* = GAUCHE).

PROGRESSION.	COMMANDEMENTS.
8° La compagnie faisant face en avant ou face en arrière, lui faire exécuter les changements de direction de pied ferme, à droite ou à gauche (page 34).	*Tournez à droite* (ou *à gauche*). MARCHE.
9° Passer de l'ordre en bataille à l'ordre en colonne par peloton (page 39).	*Par peloton, tournez à droite* (ou *à gauche*). MARCHE.
10° Passer de l'ordre en colonne par peloton à l'ordre en bataille (page 40).	*Par peloton tournez à gauche* (ou *à droite*). MARCHE.
11° Passer de l'ordre en bataille à l'ordre en colonne par section (page 39).	*Par section, tournez à droite* (ou *à gauche*). MARCHE.
12° Passer de l'ordre en colonne par section à l'ordre en bataille (page 40).	*Par section, tournez à gauche* (ou *à droite*). MARCHE.
13° Alignements en colonne (page 36).	*A droite* (ou *à gauche*)= ALIGNEMENT.
14° Marche en colonne (en avant en arrière, face à droite ou à gauche) (page 36).	*En avant.* *Guide à gauche* (ou *à droite*) MARCHE.
15° La colonne étant en marche, changer de direction (page 36).	*Tournez à gauche* (ou *à droite*). MARCHE.
16° Arrêter la colonne (page 36).	HALTE.
17° Serrer la colonne en masse (page 38).	*En masse serrez la colonne.* MARCHE.
18° Reprendre les distances (page 38).	*Prenez vos distances.* MARCHE.
19° Marcher en colonne serrée et changer de direction (page 38).	(Comme à distance entière).

PROGRESSION.	COMMANDEMENTS.

20° Former le carré (p. 40). { *En carré.*
MARCHE.

21° Reformer la colonne (page 41). { *Formez la colonne.*

2° *Les francs-tireurs ayant l'arme.*

22° Maniement d'arme (page 42). { REPOS.
Arme sur l'épaule=DROITE
Baïonnette=AU CANON.
Croisez=LA BAÏONNETTE.
Remettez=LA BAÏONNETTE.
L'arme=A LA BRETELLE.

23° Charge (page 43). | *Chargez*=VOS ARMES.

24° Feux (page 43). { *Attention.*
A X mètres.
COMMENCEZ LE FEU.
Ou :
Attention.
FEU A VOLONTÉ.
A X mètres.
COMMENCEZ LE FEU.
CESSEZ LE FEU.

25° Répéter tous les mouvements indiqués au 1° (c'est-à-dire les francs-tireurs sans arme), en se conformant aux indications de la page   , c'est-à-dire les francs-tireurs ayant l'arme (page 45). } »

3° *Tirailleurs.*

26° Déploiements (page 47). { *1ᵉʳ (ou 2ᵉ) peloton en tirailleurs.*
Sur (telle) section.
A X pas.
MARCHE.

PROGRESSION.	COMMANDEMENTS.
27° Marche (page 47).	*En avant.* MARCHE. *Face en arrière.* *Tournez.* *En avant.* MARCHE. *Face à droite*=DROITE. *En avant.* MARCHE. *Face à gauche*=GAUCHE. *En avant.* MARCHE.
28° Changements de direction (page 48).	*Alignez vous à droite (ou à gauche).*
29° Feu (page 48).	*Attention.* *A X mètres.* COMMENCEZ LE FEU. CESSEZ LE FEU.
30° Ralliements (page 48).	*Ralliement par section (ou succession de deux coups de sifflet saccadés et séparés de deux en deux).* *En tirailleurs (ou un coup de sifflet).* *Ralliement sur la réserve (ou coups de sifflet allongés).*

LÉGENDE.

—

C Chef de la compagnie.

P^1 Chef du 1er peloton et de la 1re section.

P^2 Chef du 2e peloton et de la 3e section.

S^2 Chef de la 2e section.

S^4 Chef de la 4e section.

a^1 1er guide.   { Guide de droite de la compagnie et du 1er peloton.
Guides de droite et de gauche de la 1re section.

a^2 2e guide.   { Guide de gauche de la compagnie et du 2e peloton.
Guides de droite et de gauche de la 4e section.

a^3 3e guide.   { Guide de droite du 2e peloton.
Guides de droite et de gauche de la 3e section.

a^4 4e guide.   { Guide de gauche du 1er peloton.
Guides de droite et de gauche de la 2e section.

$r\,r\,r\,r$ Guides de remplacement.

Figure 1re.

COMPAGNIE EN BATAILLE (a–b).

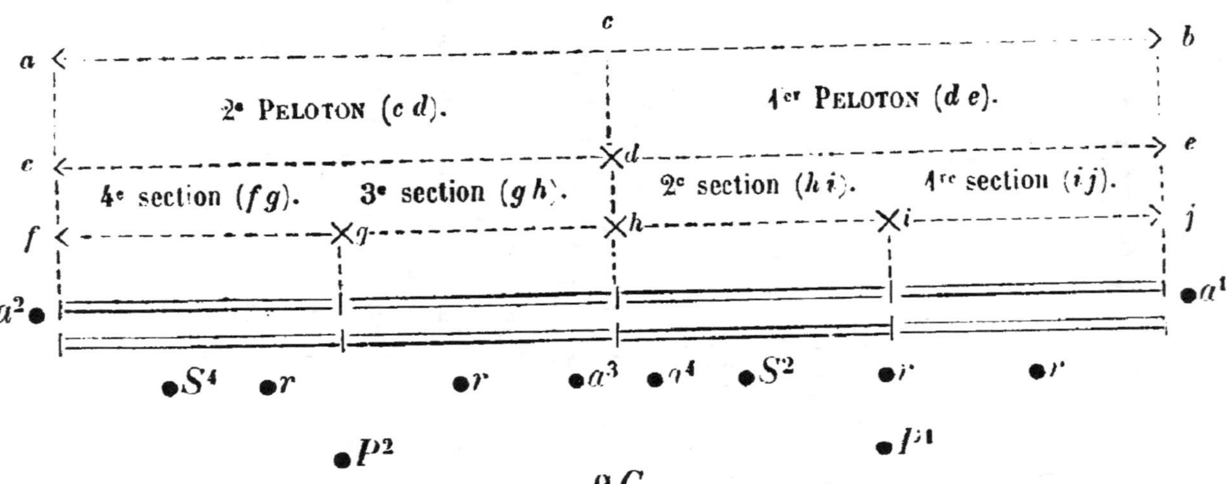

Figure 2.

COMPAGNIE EN COLONNE PAR PELOTON.

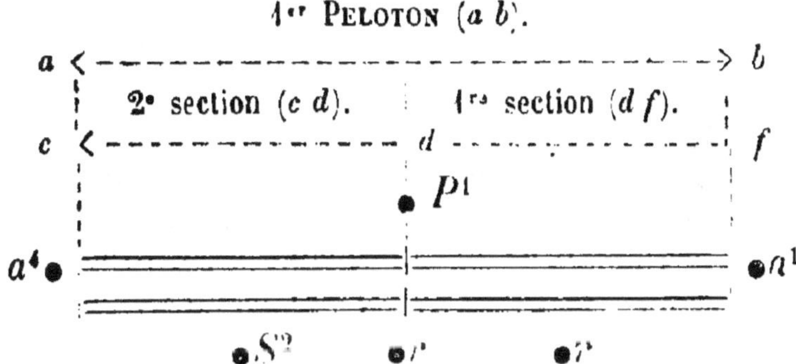

ℓ C

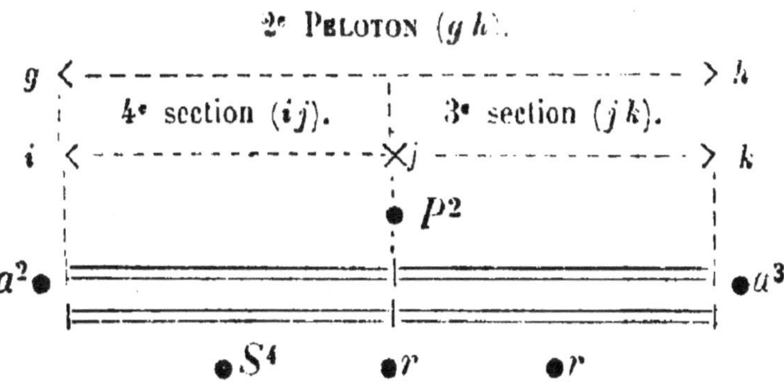

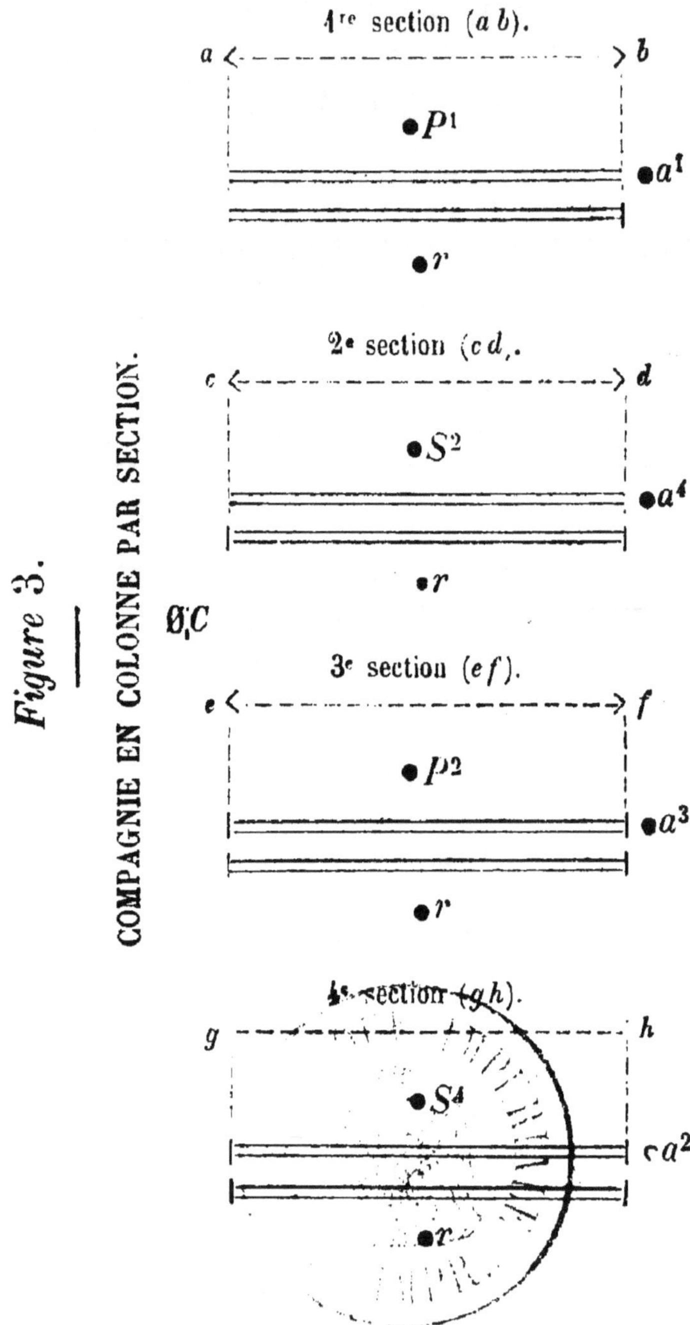

Figure 3.
COMPAGNIE EN COLONNE PAR SECTION.
1re section (a b).
a
b
P1
a1
r
2e section (c d).
c
d
S2
a4
r
3e section (e f).
e
f
P2
a3
r
4e section (g h).
g
h
S4
a2
r

TABLE DES MATIÈRES.

PARIS. — IMPRIMERIE DE COSSE ET J. DUMAINE

Rue Christine, 2.